全局思維

及建築健康的人生財務

高祥輝◎著

「全局思維」並不是要求「面面俱到」
「全局思維」要說的反而是「捨」

捨 而後 得 ┃ 捨 是 為 了 得

21 世紀的今天，人人手上擁有相同龐大的**知識庫，幾億筆**。

所以每個人的知識儲備量幾乎都是一樣的。

只差你是「**背出來**」，我是「**按下滑鼠查出來**」而已。

有可能我按下滑鼠還比你背出來的快！

但是「**知識**」畢竟不是「**智慧**」。

如果沒有足夠的「**智慧**」去運用「**知識**」，

「**知識**」本身並不能解決問題，甚至有可能適得其反。

（見書中舉例）

「**智慧**」、「**見識**」、「**膽識**」，都有可能比「**知識**」更重要，更能幫助你達成任務或夢想。

本書要分享你一些「**全局思維**」的智慧。這裡面包含了**見識**和**膽識**。

它們常能解決問題。甚至是漂亮的解決問題，解決你以前懸宕已久的問題！

全局思維

序

■ 起心動念

【起】如果您想直接吃果子...

如果您因為先前並不認識作者，所以對作者的故事和緣由不感到興趣的話，沒有關係的。請直接跳過此篇序文，到達本書正文 --- 如果先前我也不認識您，您也不認識我，只是因緣跟著朋友來到我家客廳，那麼我雖然不認識您，但是應該仍會奉上削好的水果和飲料請您享用。本書的正文就是我要奉上給您的四個水果。好了，您可以趕快跳過去享用了！

【承】作者什麼背景？本書的內容主要是什麼？

我是資工背景的。但是快20年沒寫程式了。2020年12月，花了大約180個工作天，獨力從第一行程式開始寫起的手機APP，在 google play 上架了。之所以會有這個程式，是和我的行業經驗相關的，我先前在銀行和保險公司。沒錯，資工和金融保險原本是兩個不同的行業。只是近年所謂的 "fintech" (中譯大致上是「金融科技」) 把它們串在一起了。

但是，還是跟本書要奉獻給您的東西，離題了！上面純粹只是為了給一些好奇想要知道作者學經歷的讀者一個交待用的。本書不是講最新

金融科技的。也不是提供最新金融財經知識的。等下告訴您為什麼。相反的，本書要分享給您的智慧，是可能在很久之前，就在企管大師的書籍裡面曾經揭示過的智慧方法論，或者在更久更久之前，就已經存在古書裡面的智慧了。作者將替您讀書，並且用現代的語言，甚至親身經歷的印證，將消化過後的精華，重新說一遍奉獻給您------ 自謙的話叫做「拾人牙慧」呵呵。

「什麼？古書？古書裡面有智慧？？」是的。請別小看古人。古人只是沒有冷氣吹，不會用手機而已。至今仍有西方軍事學校在讀「孫子兵法」，也有大學問家仍在讀「老子」。古人的智慧一點也不比現代人差！！！

　　本書的主要內容，其實我都在職場上分享會，或讀書會中，都有跟好同事好朋友們，以讀書心得或自身體驗的形式分享過的。應該說，它其實跟我的資工、金融、保險，都一點沒有直接的關係。所以，我下面畫一條線，以便整個分開。

■　徹悟與使命

【轉】徹悟 !!

　　在 2020 年秋天，我接觸到了一個團隊，專門培訓「徹悟」後的金融相關從業人員們（所謂金

融相關從業人員，包括證券、銀行、保險…）。為什麼說「徹悟」呢？

　　因為，不管前期學長學姐，還是後期學弟學妹，大家都共同承認：其實我們只建議了我們的好朋友，也就是客戶 --- 客戶久了自然逐漸成為好朋友，買了一些（我們自認為好的）理財金融商品而已。我們的客戶好朋友，其實幾乎都並沒有因為我們建議或推薦的理財金融商品，從此過著幸福快樂的日子。或者說，其實過著一年的幸福快樂日子都不一定有。買了那麼好的金融商品，為什麼還是天天為理財犯愁？那個或那些金融商品，真的能幫助客戶理好財嗎？買越多，財就理得越好嗎？

　　我想，應該不是吧！！這個答案顯而易見，就如同並不是吃了一罐或十罐健康食品，人生就會健康一樣。健康應該是要包括飲食、運動、環境、作息時間、睡眠品質、心理……都要整體調適到最佳狀態，才是健康吧！？我們引介客戶採用某項「優良的」金融商品，充其量就是吃了罐「優良的」健康食品罷了。距離全面的健康還遠著呢！！

【合】使命！

　　因此，我們接受了長期的完整培訓，以諸多的相關案例研討，並配合團隊後勤先進的技術力量和人力。我們成為一組真正能協助人們，建築

真正健康的人生財務的使命者！

■ 全局思維的理財觀

後來，我忽然如獲至寶的發現到，這不正就是個人先前常常分享，也在努力身體力行的讀書心得：「全局思維」嗎！？

豁然，這時「全局思維」就和「建築健康的人生財務」無縫接軌，大道貫通了！！

■ 全局思維的四個方向

在此，我已迫不及待要把「全局思維」，優

先分享給您了！再說一次。它的內容跟金融、理財，都沒有直接的關係。所以如果並沒有想要解決金融理財的問題，這些寶貴智慧，都仍然可以應用在其他各種人生情況的：

第一維　全「局」制勝，捨小取大
第二維　全局觀察，不「對症」下藥
第三維　「物」順其「理」，「人」順其「性」
第四維　「效果」優先於「速度」

其中第一個篇章，可能已有細心閱讀古書的人已經知曉了，美酒可以一嘗再嘗，不一定要換新品牌，舊瓶新酒別有一番滋味。第二個故事，是作者本人親身的痛苦經歷和欣然收穫，您不可能曾在任何地方讀到過。此例居然和企管大師彼

得·聖吉所言若合符節，足堪印證！有朋友說那是令人拍案之妙！！第三個討論，主要是提醒「物理」和「人性」，說是「提醒」，是因為可能人人都知道，但卻常常忽略遺忘！第四個「效果」優先於「速度」，也是古語中已有的智慧。但是，身為21世紀現代人的您，輸給古人了嗎？

　　四個水果削好了，請立即翻閱享用！

高祥輝

目錄

第三維　「物」順其「理」，「人」順其「性」

全局思維

「全局思維」破題

可能和您想像的不一樣。「全局思維」要說的並不是「面面俱到」。

「全局思維」要說的反而是「捨」。

「捨」而後「得」。

「捨」是為了「得」。

至於「思維」，因為跟「思慮」、「思考」稍有不同。所以解釋一下「維」字。

借用古書的句子：「禮義廉恥，國之四維，四維不張，國乃滅亡」。「維」是要「張開」的。「思考」可以是一條線的，但「思維」是要像雨

傘的骨架一樣張開的。

「全局思維」是一種「智慧」。這種智慧不是我發明發現的。是古人就有的。可別瞧不起古人！古人的「知識」遠遠不如現代人 (現代人還有google可用，一，秒鐘可以查到一萬筆知識！) 但是「智慧」絕對不輸現代人！

老子李耳在千年之前，就能體悟到今天科學、哲學、玄學都不斷在印證的「物極必反」哲理！你說這個智慧會輸給現代人嗎？

全局思維

　　我從方方面面的智慧源挖掘和整理了（不少
是古書或古老小故事，一些是現今的社會體驗和
印證，甚至西方歐美先進的新書中也在提到類似
的東西！）其中一種我概括命名為「全局思維」

的一種「智慧」。打算分享給你⋯

　　現代人，人人手上擁有相同龐大的知識庫。所以每個人的知識儲備量幾乎都是一樣的。只差你是背出來，我是按下滑鼠查出來而已。有可能我按下滑鼠還比你背出來的快。但是「知識」不足以解決問題，還需要「智慧」。「智慧」是按下滑鼠不會有的！「智慧」需要被「啟發」、「灌溉」，和「練習」。

　　願你能分享到「全局思維」的智慧，並且不斷地練習它。

第一維
全「局」制勝，捨小取大

古老的智慧，我用今天的語言再說一次給你

中國的古老典籍裡面有不少的智慧，西方都佩服不已。說到全局制勝的策略，不知道你有沒有聽說過田忌賽馬？沒聽過！？沒關係。你不用再去看文言版的然後揣摩並想像實例了，我直接用今天的語言和圖解舉例說明給你聽。

假如我和賽馬對手各擁有三匹馬，牠們都具有完全相同的實力，為了讓您最接近身歷其境，徹底了解這個智慧的奧妙，這裡要請您親筆動手，自行填下我方（乙方）的三匹馬的實力值：

甲方三匹馬：

甲方馬 實力值 3	甲方馬 實力值 6	甲方馬 實力值 9

乙(我)方三匹馬：

乙方馬 實力值 3	乙方馬 實力值 6	乙方馬 實力值 9

勢均力敵：必然的結果嗎？

如果都按照順序棒次出來一匹對一匹比，那麼顯然雙方一定終局是平手收場。實力太剛巧一模一樣了！

賽局圖解：（這樣的話，三局都雙方平手，對吧！）

第一局 結果 雙方【平】	第二局 結果 雙方【平】	第三局 結果 雙方【平】
甲方馬 實力值 3 ／ 我方馬 實力值 3	甲方馬 實力值 6 ／ 我方馬 實力值 6	甲方馬 實力值 9 ／ 我方馬 實力值 9

田忌做軍師參謀的話呢？（一）

全局思維

全局思維

如果我們有幸請到了古代的軍師：田忌先生，來做參謀指導我們賽馬，那麼，田忌會建議我們如何佈局呢？結果會不一樣嗎？請看下列：

賽局圖解：（【 　】勝負結果請先試行填寫 ）

第一局 結果 我方【 】	第二局 結果 我方【 】	第三局 結果 我方【 】
甲方馬實力值 6　我方馬實力值 9	甲方馬實力值 9　我方馬實力值 3	甲方馬實力值 3　我方馬實力值 6

為了真的能夠吸取軍師的智慧，這裡仍然要請您親筆動手，填入第一局到到第三局，我方是【勝】，還是【敗】？請先忍耐不要看下方的答案，自行在【　】中填寫看看？沒有把握的話，可以先用鉛筆試答⋯

答案：

　　第一局結果：我方【勝】

　　（因為我方實力值9，甲方實力值6）

　　第二局結果：我方【敗】

　　（因為我方實力值3，甲方實力值9）

　　第三局結果：我方【勝】

　　（因為我方實力值6，甲方實力值3）

最終結果：

　　我方「三戰兩勝」，取得「終局勝利」！！

評語：

　　請注意哦！田忌並沒有把我方賽馬變強變壯！牠們的實力值，仍然是 3, 6, 9 各一匹。跟對方完全一樣。

　　軍師的智慧，能夠運用「策略」，在實力值僅僅只是跟對方平手的情況下，卻能幫助我們取得「終局勝利」。

　　這裡要特別提醒，「終局勝利」並不是「全局勝利」，三局中我們仍然輸了一局。但這是軍師的策略。要有「捨」，才能有「得」。得到「三戰兩勝」的「終局勝利」，這不就是你我想要的嗎？

那麼如果我方稍具劣勢呢？田忌做軍師參謀的話（二）

　　上面那個佈局，是在我方與對方實力平手的情況。那麼，如果在我方實力並沒有提昇，對方實力卻已經提昇了，略優於我們的情況下呢？我們還有希望得勝嗎？像這樣：

甲方三匹馬：

甲方馬 實力值 □	甲方馬 實力值 □	甲方馬 實力值 □

←請親筆動手，依序在□中填入甲方的實力值，分別是 5, 6, 9 ！

乙(我)方三匹馬：

乙方馬 實力值 □	乙方馬 實力值 □	乙方馬 實力值 □

←請親筆動手，依序在□中填入我方的實力值，仍然分別是 3, 6, 9，並無提升……(悲！)

這時，若我們仍然請田忌大師，穿越時空來為我們出謀畫策，他的安排很有可能會是這樣：

賽局圖解：（【　　】勝負結果請先試行填寫　）

第一局 結果 我方【　】		第二局 結果 我方【　】		第三局 結果 我方【　】	
甲 方 馬 實 力 值 9	我 方 馬 實 力 值 3	甲 方 馬 實 力 值 6	我 方 馬 實 力 值 9	甲 方 馬 實 力 值 5	我 方 馬 實 力 值 6

為了真的能夠吸取軍師的智慧，這裡仍然要請您親筆動手，填入第一局到到第三局，我方是

【勝】，還是【敗】？請先忍耐不要看下方的答案，自行在【　】中填寫看看？沒有把握的話，可以先用鉛筆試答…

答案：

第一局結果：我方【敗】

（因為我方實力值3，甲方實力值9　！）

第二局結果：我方【勝】

（因為我方實力值9，甲方實力值6）

第三局結果：我方【勝】

（因為我方實力值6，甲方實力值5）

最終結果：

　我方「三戰兩勝」，還是取得「終局勝利」！！

評語：

　請注意哦！我方賽馬，先天實力就比對方遜色，田忌並沒有把我方賽馬變強變壯！但在大師的佈局安排之下，居然還能夠取得終局勝利！！！！！是否該發個年終獎金還是最新的 iPhone 給軍師獎賞呢？

　田忌大師厲害吧！他沒有手機，沒有 google，沒有悠遊卡，可能上了公車都不知道要怎麼辦，時間幾點鐘只能看太陽，不一定能準時搭到車，

不具備我們今天的任何日常生活能力。但是，他的智慧可以穿過千年。今天仍能幫你得勝！！

全局思維需要智慧和膽識

前面我們說明田忌並不具備今天搭公車的知識和工具，但是他的思維並不過時！

要實施像田忌這樣的策略，以便取得終局成功，是需要智慧和膽識的。

智慧當然是他的佈局方法。如果只以數字計算，必定是平手，甚至小輸。

　　但是他不拘泥於每個小局都要獲勝，而是以取得全局的統計多數能獲勝為最大目標。不但在實力相當時能取得勝出，在我方實力略遜時，居然也能勝出！

膽識則是：

1. 不要直接相信數字（使用超級電腦計算？？）算出的「平手」結果，勇於嘗試突破！

2. 不要因為有一局輸就影響心情。田忌可是氣定神閒的！因為他知道一定贏！

3. 如果輸的那局是在一開始的頭一局的話，你能挺得住嗎？
如果你背後還有許多隊友或下屬或親友，你除了自己的信念以外，還能挺得住他們給你的壓力和質疑嗎？再強調一次，在一開始的頭一局就輸哦！！

自古名將必定都有全局思維

這裡可以斷定，自古以來，只要是將軍，尤其是常常打勝仗的將軍，必定都具有全局思維的智慧和膽識的。不因為其中幾個局部的戰役的失敗而憂心喪志，或者因為緊張、憤怒、悲傷、急躁……影響了指揮的品質。方才提到的各方壓力，將軍無一不缺，還多了一個可以殺他頭的皇帝或者叫他免職回國的總統。將軍輸一小局可不是像賽馬可以賠錢了事，那都意味著千百位弟兄的傷殘甚至陣亡啊！

　　還有前面所說的，萬一敗局是出現在一開頭，那個壓力更是排山倒海呀！

全局思維需要練習

看到這裡，恭喜你已經初步吸收到田忌發現的，並由我傳遞給你的智慧了。這種思維智慧，它不是知識，只要背得出寫得出在考卷上就好。它是要配合膽識來加以運用的，所以需要練習。

下一個思維的維度，我將再讓你了解到，全局思維除了「膽識」以外，還要配合「見識」。

結論：有些局面，必須捨棄試圖對小部份亦追求勝局，為的是獲得大部份所帶來的終局勝利！

全局思維

第二維

全局觀察，不「對症」下藥

我的故事

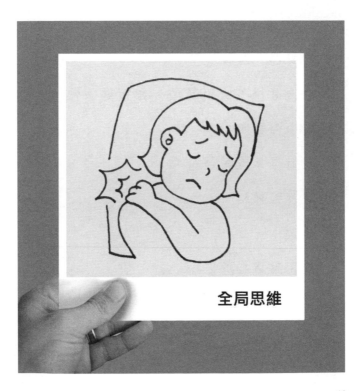

全局思維

　　筆者個人有一陣子患了右邊肩膀不時酸痛，尤其吹到冷氣會更劇痛的症狀。下面列出所有我曾經執行或是被建議的各種選項，如果是你給我建議，會優先選哪一項或哪幾項呢：

1. 看骨科，照 X 光

2. 看復健科，照超音波，做復健練習

3. 看中醫針灸

4. 中醫推拿或民俗推拿

5. 看神經外科

6. 熱敷

7. 練習吊單槓

8. 不要吹冷氣（這是一位醫師說的）

9. 看中醫慢慢吃藥調理

10. 震波治療，破壞後重新生出的肌肉和神經就會改善

11. 看耳鼻喉科

　　因為選項很多，每種執行，如看診掛號，可能都要間隔一段時間，然後也都要持續一段時間，總不能一下子沒有見效就馬上切換。於是前前後後經年累月，折騰了以「年」為單位的時間。

　　最後最見效的選項可能是你最想不到的，也甚至是嗤之以鼻認為搞笑不可能的。

你想不到的答案

　　無意中看了耳鼻喉科後，真正舒緩了多年的右邊肩膀宿疾！！！

　　別急，這不是中醫所謂的經絡反射區的問題，下面的敘述跟醫學知識無關。任何人都看得懂但想不到。

　　個人有較長期的左邊鼻塞的狀況，經常影響睡眠。為了讓左邊鼻子較暢通，我會採右側睡，

這個可以立即見效的，相信有類似經驗的人都知道。因此，我在「右側睡」、「仰睡」、「左側睡」、「趴睡」四種方向中，「右側睡」佔了80%以上！我的右肩肌肉、血管，因此長期承受如果每天 8 小時睡眠，那麼 8 x 80% = 6.4 小時的壓迫！那麼它能循環暢通才怪！

因此，無論看骨科、復健科、針灸、推拿、熱敷、貼藥布、吊單槓、吃中藥……幾乎效果都非常微小。這些處理，都猶如浴室的水龍頭沒有關，水淹到地板甚至流到客廳了，卻在不斷找尋最厲害的拖地工具或抽水工具，沒有去關閉水龍頭一樣地幾乎無濟於事……

鋸箭療法

更不要說某醫師建議的「不要吹冷氣」這種建議了！這很類似被箭射中了，只把露在身體外面的那一截箭給鋸掉的「鋸箭療法」。當然，或許這位醫師心裡想著的是，他給我的是從源頭根本解決的好建議（？？？）那真謝謝他 XD

即使不用「鋸箭療法」，連「對症下藥」其實也不能解決問題。我的「症狀」是右肩痛，任何針對我右肩酸痛症狀所做的處理，包括即使最

全局思維

新最貴的「震波治療」，採用「破壞後重建」理論，或者吊單槓活動右肩肌肉，就算有效，都只是在客廳有效的除去淹水。

全局思維

症狀療法

「症狀療法」只比「鋸箭療法」好一點點而已。

醫界（主要指西醫）通常也承認「症狀療法」只能局部、暫時解決問題，而且整個西醫體系分科太細，有時會錯失找出問題的良機。相對地，中醫號稱任何問題都需要就人的「整體」去考慮，不過看來這應該也是一種還沒達到的理想罷了。我去讓中醫診治時，中醫也僅是針對局部在診療，包括推拿和針灸等。

　　我的情形，看骨科、復健科、中醫……時，
都仍膠著在症狀本身，但其實並非沒有可能，給
某位企管大師、運動教練、氣功師父……甚至可
以半開玩笑的說，某位面相師傅，看到發現我左
邊眼圈顏色暗沈，而知我左邊鼻塞後，進而推演
出整個問題流程？前面說過，解決這個問題反而
不一定要醫學知識。這，需要的就是一種全局觀
察的「智慧」！

「知識」沒法代替「智慧」

　　你可以針對肩部肌肉、神經的各種診療方法，查到各種的細部知識。有可能你查到的藥名的成份和用法、用量，連醫師也不一定會背。但是龐大的「知識」不一定能解決問題，如果不具有全局觀察的「智慧」，是不會得出要去耳鼻喉科診治的智慧結論的。

　　上述只是以個人的病症為範例來說明，不具有全局觀點的「症狀療法」，雖可能有一些效果，

但是局部、短暫，長久下去，還有可能耽誤真正
該解決的問題，使得問題之後反而更加惡化。這
在企業、經濟、生態、政治……上都是相通的。

　　企管大師彼得·聖吉在他的著作「第五項修
鍊」中（這本書的書名容易誤會成跟修行有關的主題，其實是一
本企管書，或者說，增進智慧的書，後面再補述），有非常多
闡述「症狀療法」使得問題更加惡化的例子及更
深入更廣泛的歸納演繹。有興趣在這方向再多下
工夫的人，務必不要錯過了彼得大師的這本經
典。

彼得‧聖吉大師的類似說法：
系統思考

　　彼得大師在該書中是把這種統觀全局的觀察思考方式稱為「系統思考」（System Thinking），但是我發覺中文使用者對這四個字並不容易快速達意。正像讀馬克思資本論中譯本的人，很多都在一時之間不能意會「生活資料」這四個字的中文詞語到底是什麼一樣。

　　個人才疏學淺，未有把彼得大師所使用的核

全局思維

心名詞改譯的斗膽。彼得大師的 System Thinking 仍然應該譯為「系統思考」。至於我所指的「全局思維」跟大師的「系統思考」其中幾個方向上有蠻大的重疊或「相通」，但未必「相同」。

我所指的「全局思維」，如果轉換為英文，後面並不是 "Thinking"，而是 "Vision"（註：成君憶先生所著的《水煮三國》一書中的第一章第三課，也用了 "Vision" 去表示「邏輯思維」的「思維」，而不是 "Thinking"）。這個 "Vision"，也同時正是類似於本書中不斷提到的「見識」和「膽識」的「識」字！

也順帶一提，除了「系統思考」對中文使用

者不容易達意以外，彼得大師強調「系統思考」的「第五項修鍊」這本書，其五個字的書名，我訪查了周圍朋友，也多半沒法快速解意，甚至誤會該書是「修行」相關的書籍（？？）。

後來我嘗試用了「它指的是，第五種可以增進智慧的方法」來向朋友們解釋，朋友們普遍認為這樣比較淺白易懂。當然，我也沒有這樣的才德能夠把大師的書籍重新命名或重新譯名，只是提供一種小徑幫助理解用。

練習全局思維，增進自己智慧

因此這裡再回頭呼應，「全局思維」是「智慧」、「見識」、「膽識」，而不是一種「知識」。

「智慧」也可能天生擁有，也可能次之，一啟即發，也可能更次之，多啟才發，總之如果多加練習，勤能補拙，最後所得之智慧若是經由焠鍊而得的話，它的質、量，都未必會比先天擁有者差，甚至更堅更固，更柔更適！這將值得自認先天智慧次人一等的人聊足欣慰！

結論：有些局面，必須捨棄試圖對眼前問題的解決，以全局鳥瞰之姿，找出問題發源，斬草除根，以防止眼前問題春風吹又生！

全局思維

第三維

「物」順其「理」，「人」順其「性」

「

兩個老掉牙的古老故事

「物」順其「理」：物理
「人」順其「性」：人性

　　一個大家都知道的古老故事。大禹的父親用
「圍堵」的方式治水，只能眼前暫時緩解，撐不
住多久；大禹用「疏導」的方式治水，獲得了較
成功的效果。水的物理性質是往低處流，抵抗它
這個力量，要費力很大；順它的物性，費的勁小
的多，因為是用它自己往低處流的力量，流到你
想要的地方。

順著物性，可以讓我們事「半」而功「倍」。
「庖丁解牛，遊刃有餘」也是一個古老的故事，
這裡就不再複述了。滑鼠按一按就會有。

全局思維

物性有物理課本，人性沒有說明書

　　「物性」多半可以從知識理解，物理教科書寫的很明白。「人性」則沒有說明書，要靠經驗和智慧去使用它。用不好的話，反而是自己辦事的「阻力」而不是「助力」。

現在進行式的例子（不是故事）

　　如果有一個國家打算賣軍火給我們。他們顯然要頂住一些壓力。因為我們的敵人不樂見。然後我們可能都會疑惑這類問題：

1. 他們真的是為了道義而賣給我們嗎？

2. 他們賣給我們這些軍火，會賺很多錢嗎？

3. 這些軍火是我們想要的嗎？派得上用場嗎？有適合的人去操作使用嗎？

4. 這些軍火的價款，我們能夠負擔嗎？

全局思維

全局思維

其實，我們應該真的只要考慮我們自己的3「是否適合需求」4「可否負擔」就好了，不是嗎？

人性跟水性一樣，最好順勢處理

「道義」、「賺錢」都是人性。人性跟水性一樣，最好是順勢，別輕易試圖逆行。

順著對方人性，把我們想要的，又可負擔的東西買到手，才是達成我們的目標。

至於去花時間追究對方是因為道義居多還是賺錢居多，賺錢又賺多少，都是枉費自己的精力，對自己並無效益的事。如果　3.「適合需求」

4.「價錢可負擔」 這兩者符合了，達成採購了，那麼對方當然也同時滿足了 1.「道義」 2.「賺錢」。全局四面都贏，皆大歡喜！

為了全局勝利，捨棄與終局無關的琢磨

不可諱言，會在 1. 2. 問題上花腦筋琢磨，也是人性沒錯。但是為了取得全局勝利，是否捨棄這兩個問題才是智慧呢？

結論：想要獲得終局勝利的人，必不可少的要多「壓抑」一些自己的人性，多「順應」一些對方的人性。自己的人性這部份是必須要「捨」的。

全局思維

第四維
「效果」優先於「速度」的思維：時間維度

有人說除了 X, Y, Z 三個方向（維）之外，第四個維度是時間。我們全局思維要考慮的第四個維度也正是「時間」。

　　前面第三個全局思維提到「物理」、「人性」。在物理上，通常加大傳遞量數倍，完成傳遞的時間就可以縮短數倍。因此，大電流的充電器和線材，可以讓我們的手機用更短的時間充飽。這個是沒問題的。

這時又不能全靠「物理」了

全局思維

但是，如果你要燉肉，不妨使用傳遞熱能快五倍的大火看看，是否能縮短五倍的時間得到想要的肉？？？

在燉肉這件事上，效果是要先考慮的？還是速度要先考慮的？是否也有許多事情是求取了速度之後，效果反而不見了？

這個思維智慧，應該大部份的人都會感到「卑之無甚高論」，因為早有「欲速則不達」這個古語告訴我們了。古人早已傳達給現代每一個讀過國民學校的人了。

「人性」常常並不領情速效的途徑

但是，值得一再提醒的是，在人性上面也是如此「欲速則不達」，卻總是被大多數的人幾乎每天每時刻都忽略，包括你我。

人性跟燉肉很像，欲速則不達是常態，而不是特例。當你想要對方（親子、伴侶、主管和部屬……）改變時，卻往往最愛用看似速度最快的「命令」、「說教」兩種方法！

不花腦筋的途徑 ＝
速度最快，效果最差

「命令」有時可以得到表面的速效，施用的人其實自己也明白效果很短暫，因此經常搭配「說教」使用！！

兩個都絕對不是接受方喜歡的方式（你自己喜歡嗎？）可是施用方都十分愛用！因為信手拈來就可，不花腦筋。

　　「命令」法，雖然照講應該只適用於上下級。但有時親子也會常用。我想你已經知道了，但是再提醒你一次，如果在親子上使用命令法的比例過多，證明你很偷懶，不想花腦筋。

　　至於「說教」法呢，當然親子、伴侶、主管和部屬都在用，用到爛了。而它還有一種「變形」你知道嗎？在做生意時，它往往就變形成了滔滔不絕的「推銷話語」，或者單方面說得很高興的「商業說教」。讓我們看看一則實際摘自公共論壇的（保險）消費者反應：

全局思維

「……跟業務談的時候，大部分都是他在講，我們在聽…我只有提到預計生兩個，預算兩

萬有點太多…然後他就一直講下去了。我看他講的很開心也不知道怎麼打斷他…」

這個消費者顯然不滿意。這個不滿意的結果會是那個講得很開心的業務值得開心的結果嗎？但是那位業務正在這麼做。他不斷加電流、轉強火，想要早一點獲得充飽電的手機，或者更早享用美味的燉肉。他錯了。

智慧的答案往往是 "非直覺答案"

「智慧的答案」，往往跟「直覺的答案」是相反的。不然有直覺就好了，不需要智慧了。

在第二個故事中，花最大的心思醫治肩膀的症狀的話，有何錯？錯在「直覺」。

在第三堆故事裡的開頭一個之中，大禹的父親認為，水要淹過來，我就用最大的力、建最大的堤去擋嘛！有何錯？錯在「直覺」。

「全局思維」的智慧，需要在適當必要的時

候，捨棄雖然可能人人都希望縮短的「時間」！
以獲得最佳的「成效」！

費時更長，效果更佳？因為你我是「人」！

「費時更長的方法」可能是在眼前效果最差，甚至眼前根本看不到效果的，卻可能是「效果最大最佳的方法」--- 尤其在處理人性相關的議題時！畢竟跟礦物比起來，人和植物還是比較接近，植物要用慢速灌溉的，沒法像礦物一樣被快速鑿開！

結論：有些局面，必須捨棄對時間的追求，反而得到效果的最大！

全局思維

如果您喜歡上面的故事，或者對您有所啟發，歡迎在網上加入為傑客工作室的會員好友！

網址　http://my.jackgroup.online

附錄

建築健全的人生財務

附錄一：個人或家庭財務的全局圖解

西方有云：「一圖勝千言」。就不多說了，讓這個圖來說明個人或家庭財務應有的全局觀吧：

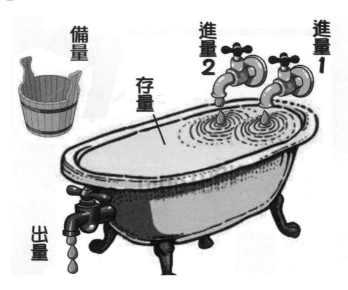

附錄二：所謂的「被動收入」形式探討

　　在附錄一的圖解中，有個「進量2」。

　　在全局財務觀中，有的把它稱做「理財收入」。但是以作者個人的一家之言，希望能更廣義的含括所有意義相近的收入。譬如假設有位作家父親出版了一批暢銷書，但是這位作家過世了之後，他的子女繼續年年不斷在領取由出版社所匯來，這些著作銷售的版稅。那麼這個收入在全局圖解上同樣是「進量2」，但若用「理財收入」來稱呼或定義，則格格不入。

全局思維

　　作者既然希望能夠提供最宏觀、最全局的思維材料（目前本書暫時只限於理財方面的應用），那麼當然對於每一項元素，也希望能夠兼容並包。所以這裡把「進量2」稱為「被動收入」。如果您仍喜歡狹義的稱呼為「理財收入」，也是可以的，兼容的。

　　但是又因為「被動收入」這個名詞，在當前社會上也有廣義狹義各種定義。如果定義都無法明確，將使得討論和思考都更為不確定，又奢談能夠有好的對策來處理健康的財務呢？

　　因此，作者不揣淺陋，收集了大量資料，並暫以自己的吸收解讀為準，列表了自以為是的七

種「收入來源」大聯集，希望能夠提供想要全局觀察自己財務佈局的人，一個基本的參照資料。請見以下列表，並請各方不吝指正：

到底什麼是被動收入？

到底什麼是被動收入？連續點開了十多個 youtube 影片，說是告訴人多少個被動收入的等等。底下許多留言都吐槽說，「其中 xx、xx、xx …根本就不算被動收入啊！」

討論被動收入的文章、書籍，非常多。但是幾乎每個作者（或演講者）說的似乎都不太一樣，每位讀者（聽眾）也總有不盡相同的自己解讀。

那麼，我們在溝通和討論哪些是被動收入之前，是否先列舉一下目前能收集到的「所有的收入來源和型式(或原理）」，才方便討論呢？

於是，我焚膏繼晷，收集了多種資料和學說，終於從原理上歸納羅列出了以下七大種收入來源，既然是從「原理」著手，因此應該不管是千年以前就有的，或者最新最新發現的收入來源和方式，都不跳脫下面七個源頭才對（？？）。那麼不管主動、被動收入一定也都被囊括在裡面了，討論和篩選就方便多了！

這就算是作者的一家之言吧，您參考看看：

註：每個人所讀的、聽的、想的、經歷的不同，

所以最後認同和整理出來的也不同。這裡是我的個人園地，且是為了和我即將共同討論的客戶當事人做溝通準備用的。所以只能以我的心得和論述為主。若有先進們想指出其中的錯誤或者您不認同的地方，您我可以另建溝通管道。因此這裡不置留言版，還請包涵。

讓我們開始，先把收入的來源和模式全部羅列，最後再選出哪些是「被動收入」吧！

全局思維

絕大多數上班族的收入方式
將自己的時間、體力、腦力、知識（通常以學歷展現或做為評價的準則）、健康、 風險（某些職業比較明顯，但是沒有一種為零。因為上下班途中就有交通風險）出售給雇主，換取收入。
以「富爸爸、窮爸爸」的作者清崎先生的說法來講，這是屬於「E」，Employee，僱員。

店員	警衛	駕駛	廚師	作業員	程式員	軍警	公務員	學校教師	大醫院領薪的醫師	銷售人員的底薪部份	公司行政人員	公司內非股東之主管

1

計「時」收入

這應該是每個人都明白熟悉的收入方式。這些當然不是被動收入。警衛沒有到崗守衛，駕駛沒有上車駕駛，都不會有收入。強調這些人人都明白的，類似廢話的敘述，只是為了要和後面的被動收入做對照比較，以便 鑑別出到底哪些才是被動收入用的。值得特別一提的是，「程式員」和「大醫院領薪的醫師」通常是這其中最容易感到不甘願的。程式員可能可以憑藉優秀的算法，編寫出幾百行程式碼就有別人幾萬行程式碼的功效。 除非獲得評價，使得薪資也相應的給他數倍或十倍，否則領取計時工資絕對是吃虧的。因此，優秀的程式員會多半傾向自行開設計件營收的 SOHO 工作室或小型公司。 大醫院領薪的醫師也會傾向自行開設診所（並在文宣上註明原在何大醫院服務）。

工作時間(小時＼天＼月) x 單位時間工資 x 「倍數係數」 ＋ 「議定的其他工資常數」 ＝ 收入

當然最主要的關鍵還是在第一項，作了多少工時。

第三項「倍數係數」通常是 1.0，遇有加班的時候，可能是 1.25 或 1.5……等等。加班毫無加班費時，此項係數是 0。所以無論前面兩項是什麼數字，乘起來都為 0。

第四項「議定的其他工資常數」如伙食津貼、全勤獎金…等。

2 計 「 件 （ 功 ） 」 收 入	**通常沒有雇主，所以稱為「自雇者」** 覺得將自己的時間、體力、腦力、知識、健康、風險……出售給雇主並不划算的人， 就會傾向自行營業。 以「富爸爸、窮爸爸」的作者清崎先生的說法來講，這是屬於「S」，Self employed，意思也是「自己雇用自己的人」。 （表格見下） 這種收入當然也不會是被動收入。只差別在通常不一定要準點到達崗位，還有請假不用遞出請假單而已。請假時的收入不必由老闆扣除，它自動就不見了。這些膚淺的老生常譚我們就不再贅述。 討論一點比較深入，耐人尋味的大問題。有句口號理想叫做「各盡所能，按勞分配」。請問，這個「勞」，到底是指「功勞」？還是「苦勞」？這不是繞口令吹毛求疵。這是許多社會紛亂不平的源頭之一。被「按勞分配」者，自覺不公。 ●如果按「苦勞」計酬，工人工作八小時，揮汗如雨，比廠長或總技師辛苦多了。 ●如果按「功勞」計酬，廠長或總技師雖然吹冷氣喝茶七個半小時，但巡視半小時後 下達的指令，或許比一百位工人工作八小時為企業帶來更多的收益。 許多公司內部因為互相知道同事的薪資之後，引起吵不完的紛亂，也是因為「功勞」、「苦勞」這個自古以來的難題，未能律定清楚，無法做到眾人皆服。所以，計件/計功收入的表述式，既可以無比複雜，也可以無比簡單。某些人覺得在計時 工資制度下他被虧待了，就會決定自己負責績效，自己負責收入，成為自雇者。 **功效(或稱績效) = 收入** 如果徒勞無功，收入就是 0。簡單無比。

個人或合夥SOHO 接案工作室	個人或小型網拍電商	攤販，如水果攤	銷售人員的抽佣獎金部份	補教業鐘點教師	自設診所的醫師	自設事務所的代書	自設事務所的律師

以「權」換錢

出售的是「權利」。「權利」因為也會用時間計算，或用件數計算，所以 有時不太容易分辨，會跟上面的「以時計酬」或「以件計酬」混淆。 辨別的方法，就是出售者是否有付出：體力、腦力、知識、健康…

固然權利計價方式之一是時間。但是可以辨別，出售者是否同時減損了時間？譬如，警衛出售自己的時間給雇主(買他時間的買主)，這些時間，警衛就不能再到其他場所進行他想要做的其他事。 廣告牆的擁有者將廣告牆以時間計價出售給買主。但是在買主付給他金錢的同時，廣告牆的擁有者仍然能到任何 地方做任何事，並不需要待在廣告牆旁邊。

所以，這是雖是以「時間」計價，但是歸根究底是以「權利」換取收入，不是時間換取的。所以，這種情形應該完全符合「被動收入」的任何方式定義，毫無懸念。

3 以「權」收入	地主租地	房東租房	廣告牆出租	網頁上之顯示位置出租	已在領取版稅之作家	已在領取版稅之音樂工作者	持有「選擇權」證券者	貪污腐敗者

這些收入形態絕對是「被動收入」。無論最寬鬆或最嚴格的任何一種「被動收入」定義，應該都會將其納入。

當然其中作家和音樂工作者在領取版稅之前，有一次相對較長的勞動。所以我們在此限縮定義，僅指 「已在領取版稅」的期間和狀態。已在領取版稅的作家或音樂工作者，當然可以看電影吃館子遊山玩水 仍然在領取版稅。所以符合「被動收入」型式絕無疑義。

權利金（可以「時」計價或以「量」\「件」計價） ＝ 收入

這種收入除了出售者無需付出時間做為交換外，還有一特色，就是金額或比率可隨出售者完全隨意 調整，就是口語說的「開口價」。在無相似競爭者出售同樣或類似權利時，要出售 1 元或 1 萬元，都 可以沒有任何依據，只依出售者的想法和成交意願。

俗話：錢滾錢

不過俗話的錢滾錢通常是比較廣義的。有時包括了上面的地主租地、房東租房，以及開設工廠或企業賺錢。甚至也有人把買賣賺取差價的行為也納入「錢滾錢」。這裡因為要分門別類清楚一些，此處僅指狹義的，「滋息」。不包括上述羅列的和俗語的廣泛意思。目前能列出的是下面七種：

定存單持有者	增值型保單持有者	領取「配股」之股票持有者	領取「配息」之股票持有者	領取「配息」之債券持有者	民間放貸	網路 P2P 貸款之資金提供者

這種收入形態應該也絕對是「被動收入」。

因為工作者（也是抽象形容的「工作」而已，實際沒有「工作」）就只是「錢」而已。

「錢」的擁有者當然可以在滋息的同時看電影吃館子遊山玩水。所以完全符合「被動收入」型式絕無疑義。

本錢 x 滋息率 ＝ 收入

這個式子也非常簡單。而且如果撇除風險因素不考慮的話，這裡所謂的「滋息率」，全都是大於等於零的「正數」。（註：「增值型保單」並不是「投資型保單」，它只要在指定的年數過後，譬如七年或四年，也絕對是正數，沒有負數的可能，請不要跟「投資型保單」相混淆了）也就是，必賺無疑。請注意這裡股票僅指「配股」、「配息」，不包括價差的收入。因為那個來源大不同，原理大不同，風險大不同，所以不能一概而論。這裡也沒有列入黃金等，因為黃金也是價格上上下下，並沒有「滋息」。用黃金做所謂的「錢滾錢」操作，仍然是在買賣價差。

正式術語：「資本利得」

「資本利得」這個稱呼比較學術，不夠淺白。所以我在這個項目用更明瞭淺易的「差價」利得。 當然，這時您就非常清楚了。「差價」不一定是正數。如果是負數，就不一定「利得」了！

以「富爸爸、窮爸爸」的作者清崎先生的說法來講，這是屬於「I」，Investor，投資者。

	買賣股票	買賣債券	買賣封閉型基金	買賣不動產	買賣古董	買賣黃金、白金、寶石	買賣外幣	買賣期貨
5 「差價」利得								

這種收入形態究竟是否屬於「被動收入」，非常有爭議！

單位價差 x 買賣數量 ＝ 收入

這個式子非常簡單。但是暗藏兇險。

1、價差不一定是正數。有可能是負數。那麼等號左邊是負數，等號右邊就一定也是負數了。也就是， 收入是負的。順帶一提，收入如果是負的，如果還叫做被動收入，也未免太牽強了。

2、當收入不是負數時，有可能有交易成本。（為求簡單，這個交易成本就沒列在式子裡面了，因為其實 其實每種收入都有交易成本。例如上班的通勤費也是交易成本。）比較特殊值得一提的就是 「證券交易所得稅」。

3、買賣外幣（指多種外幣），最終換回本國貨幣時，可能又會因為本國貨幣的升值而面臨損失。

中獎、繼承、被贈與

沒什麼好解釋的了，無需「金錢資產」、「實體資產」、「智慧財產」，就能獲得收入。

中獎	繼承	被贈與

這三種都絕絕對對是「被動收入」了，完全不必討論也不可能有爭議！

[中獎金額 \ 繼承金額 \ 被贈與金額] - 稅金 = 收入

其他式子照說也要列入稅金。但是都省略了。這個式子一定要明顯列出稅金不可。　因為這裡的稅金都是高比例的，不可忽略。原因當然也很簡單，因為這三項都是不勞而獲　（競賽所得的獎金除外，它是屬於「計功收入」，如果沒有得到名次，就收入為零！），　所以要高稅率，相當自然合理。

6

不
勞
而
獲

經營工廠或公司，讓一群員工為你增加收入

賺取「剩餘價值」是世界級大師馬克思的講法。不管你認不認同他的說法，反正曾經有小半個地球 完全以他的說法為出發點，去經營整個國家，或說興起了世界的風浪。所以還是得承認他是大師， 除非你有更好的學說獲得比他更多的人認同。在沒更好更可信的說法出現之前，我們只能借用他的 定義，開設工廠或公司的老闆(資本家)，是賺取「剩餘價值」獲得收入。

以「富爸爸 窮爸爸」的作者清崎先生的說法來講，這種收入的型式和角色是屬於「B」，Business Owner，企業所有人。

| 老闆 | 股東 | 地主 | 房東 |

請注意這裡的「老闆」，並不包括「一人公司」的老闆。那其實屬於「自雇者」。 用馬克思的名詞來說明就簡潔易懂了，因為一人公司的老闆沒有其他人可以讓他「剝削」「剩餘價值」！

「股東」照說也是「老闆」群的一員，也是資本家。所以他的收入來源當然也是馬氏所說的「剩餘價值」。不過如果是完全只投入金錢，不參與經營的股東，似乎又是清崎先生所說的「I」投資者，而不是「B」企業所有人了。

那麼，到底老闆和股東的收入，算不算「被動收入」呢？這個應該會爭議個沒完。

至於「地主」和「房東」怎麼又攔在這裡了？ 這是因為，馬氏說「剩餘價值」會從資本家轉移到地主或房東的身上。 所以按此說法，只要「地主」和「房東」把地或房租給資本家，那麼這部份的收入來源其實也源自「剩餘價值」，跟 資本家是同樣的來源。

7

賺取「剩餘價值」

工人工作所產生的剩餘價值 = 收入

不過事實上好像真沒那麼簡單。實務上，一個公司或工廠還能買賣土地，賺取價差之類的。如果先把這些所謂「業外」 收入排除掉的話，馬氏就是認為企業的擁有者，資本家，賺的錢全部來自於工人工作所產生的剩餘價值。

不過這似乎沒有考慮到純以買賣為主，並未生產製造的商業。純買賣過程中因為並沒有工人的參與，因此收入來源仍是 「價差」。

至於如果老闆將一個貨品以 10000 元買進來，要銷售員賣給用戶 16000 元，其中 1000 元用於公司租金及水電，1000 元用於 銷售員底薪和勞健保，3000 元用於給銷售員的銷售抽成，最後剩下 1000 元由老闆獲得，這 1000 元是否也屬於「剩餘價值」， 因為資本論我還沒完全讀透，所以還判別不出來。總之，這屬於老闆經營公司所獲得的收入，當無疑義。這是否可以 歸屬於「被動收入」，也是讓人難以判斷歸納。

七種收入的來源和型式簡表

1 計「時」收入→	工作時間(小時＼天＼月) x 單位時間工資 x「倍數係數」 +「議定的其他工資常數」= 收入
2 計「件(功)」收入→	功效(或稱績效) = 收入
3 以「權」收入→	權利金（可以「時」計價或以「量」＼「件」計價） = 收入
4 以「錢」滋息→	本錢 x 滋息率 = 收入
5 「差價」利得→	單位價差 x 買賣數量 = 收入
6 不勞而獲→	[中獎金額＼繼承金額＼被贈與金額] - 稅金 = 收入
7 賺取「剩餘價值」	工人工作所產生的剩餘價值 = 收入

全局思維

後記

109.11.22 後記

　　當初也有考慮這個表格是否應該命名為「利潤的七種來源」。 後來想到不妥，因為其中 1、2 兩項，是拿時間、體力、腦力、知識、健康、風險…去換取的。你怎麼知道你得到的是「利潤」？？？？？是否有可能根本是「負利潤」？ 你我（包括我，免得以為我在指責或諷刺）只是在拿這些去換取「現金流」，去應付你我的房貸、房租、車貸……日常開銷而已。賺了？賠了？不知道！！

　　順便一提，如果也藉此想清楚這個問題和結構，可能就會很容易想清楚「現金流」這個名詞到底是什麼意義了。

109.11.23 後記的後記

　　承上述。在要講下面的話，分享我自己的領悟甚至感悟之前，希望你正好也有聽過，或者 懂得，什麼是「配息型基金」或者「連結配息型基金」的「投資型保單」，有可能發生「**配息來源有可能來自本金**」的這句話…

　　有極大一部份的人，聽到上述兩種東西誠實的告訴你（通常是業務員誠實）說：「**配息來源有可能來自本金**」，就臉色變面，避之惟恐不及，甚至到處跟認識的人說，千萬不要碰這種騙人的玩意兒。

　　那麼，您是否試想一下，上面七種收入來源的第 1、2 種，它的本質上也非常非常類似「**收入來源有可能來自於本金配息**」呢？

　　因為，它們本就有可能根本不是「利潤」呀！只是「收入」，但不是「利潤」呀！！想明白了嗎？？？？？

而且，這個「本金」，有可能是您一輩子最寶貴的本金！！！！！(真的要用 5 個驚歎號才能表達了）

　　說到這裡，不明白的人可能完全無感 （尤其尚未聽過「配息來源來自本金」的朋友）， 但若已聽明白想深入的人，**此時很有可能潸然淚下，掩面歎息！**

　　我也不知道，該希望您是前者沒明白的好，還是後者已經明白的好…僅是把所領悟的分享給您。

全局思維

傑客工作室
(主要服務區域)

台北市（古亭區中正區為主）

台中市（南區為主）

台南市（東區中西區為主）

高雄市（左營區為主）

其餘地區提供網路線上服務

思維隨筆

思維隨筆

國家圖書館出版品預行編目（CIP）資料

全局思維及建築健康的人生財務/高祥輝著. -- 初版.
-- 臺北市 : 智庫雲端有限公司, 民110.06
　面； 　公分
ISBN 978-986-06584-0-8(平裝)

1.理財

563　　　　　　　　　　　　　　110007794

全局思維及建築健康的人生財務

作　　　者　高祥輝
出　　　版　智庫雲端有限公司
發 行 人　范世華
封 面 設 計　劉瓊蔓
地　　　址　台北市中山區長安東路 2 段 67 號 4 樓
統 一 編 號　53348851
電　　　話　02-25073316
傳　　　真　02-25073736
E - m a i l　tttk591@gmail.com

總 經 銷　采舍國際有限公司
地　　　址　新北市中和區中山路二段 366 巷 10 號 3 樓
電　　　話　02-82458786 (代表號)
傳　　　真　02-82458718
網　　　址　http://www.silkbook.com

版　　　次　2021 年（民 110）6 月初版一刷
定　　　價　150 元
I S B N　978-986-06584-0-8